낙동강가 여러 나라를 부르는 이름, 가야.
가야는 어떤 나라였을까요?
풍요로운 철의 나라 가야의 흔적을 찾아보아요.

나의 첫 역사책 6

철의 나라
가야

이현 글 | 안재선 그림

휴먼 어린이

사람들은 강가에 모여 살기를 좋아해요.
강가에서는 물을 구하기도 쉽고, 물고기도 잡을 수 있어요.
적의 침입을 막기도 쉽고, 배를 타고 빠르게 이동할 수도 있지요.
바다로 나갈 수도 있고요.
낙동강을 따라 옹기종기 모여 사는 사람들이 많았어요.

어느 날, 하늘에서 신비한 목소리가 크게 울렸어요.

"너희도 왕이 있으면 좋겠느냐?
그렇다면 이 노래를 부르며 춤을 추어라!"

하늘에서 노랫소리가 들려왔어요.

거북아, 거북아.
머리를 내놓아라.
내놓지 않으면 구워서 먹으리.

하늘의 소리를 들은 사람들이 구지봉 아래로 모여들었어요.
노래를 따라 부르며 함께 춤을 췄습니다.
그러자 하늘에서 자줏빛 줄이 내려왔어요.
붉은색 천으로 싼 황금 상자가 줄에 매달려 있었지요.

사람들은 머리를 맞대고 의논했어요.

"어떻게 하면 좋을까요?"
"좀 더 지켜볼까요?"
"하늘이 상자를 내려 주셨으니, 이제 우리가 무언가 해야 합니다."
"옳습니다. 상자를 열어 봅시다."

마을의 우두머리들이 상자를 열었어요.
상자에서 황금빛이 흘러나왔어요.
하늘에서 내려온 상자에는 여섯 개의 황금 알이 들어 있었습니다.

다음 날 아침, 사람들이 다시 모였어요.
우두머리들이 먼저 용기를 내 상자를 열었어요.
눈부신 빛과 함께 힘찬 울음소리가 터져 나왔지요.
상자에는 여섯 명의 아기가 있었어요.
하룻밤 사이에 황금 알이 아기로 변해 있었던 거예요.
아기들은 무럭무럭 자랐어요.
아침 먹고 자라고, 점심 먹고 자라고, 저녁 먹고 자랐지요.
열흘 만에 늠름한 청년으로 자라났습니다.
첫째 아이 김수로는 스스로 왕이 되었어요.
나라의 이름은 '가락국' 또는 '금관가야'라고 했어요.
다른 아이들도 저마다 나라를 세웠습니다.

그러던 어느 날 '탈해'라는 사람이 수로왕을 찾아와 싸움을 걸었습니다.

"수로왕! 나는 왕의 자리를 빼앗으러 왔소. 누가 더 강한지 겨뤄 봅시다!"

탈해는 허공으로 훌쩍 몸을 날려 매로 변신했어요.
그러자 수로왕은 독수리가 되었어요.
탈해가 급히 도망치며 이번에는 참새가 되었지요.
수로왕은 매로 변신해 탈해를 쫓았습니다.
놀란 탈해는 본래의 모습으로 되돌아와 수로왕에게 고개를 숙였어요.

"내가 졌소."

탈해는 가야를 떠났어요.
그리고 훗날 신라에서 왕이 되었습니다.

큰 바다 건너 저편에는 '아유타국'이라는 나라가 있었어요.
그런데 아유타국의 왕과 왕비가 신기한 꿈을 꾸었습니다.
꿈에서 하늘의 목소리를 들었어요.

"공주를 가야로 보내 수로왕과 혼인하게 하여라."

왕과 왕비는 매우 슬펐어요.
사랑하는 공주를 낯설고 먼 곳으로 떠나보내야 하니까요.
하지만 허황옥 공주는 용감했어요.

"걱정하지 마세요. 저는 아유타국의 공주입니다.
배를 타고 먼 곳까지 가는 건 두렵지 않아요.
꼭 훌륭한 왕비가 되겠습니다."

스무 명의 신하가 공주를 따라 나섰어요.
많은 보물과 함께 파사 석탑도 배에 실었지요.
거친 바다를 달래는 마음을 담아 만든 석탑이었어요.
마침내 허황옥 공주는 바다로 나아갔습니다.

수로왕도 이미 하늘의 뜻을 알고 있었어요.

"하늘이 나를 가락국의 왕으로 내려보냈소.
이제 하늘에서 왕비를 보내 주실 것이오.
바닷가로 가서 왕비를 맞이하시오."

신하들은 수로왕의 명을 따라 바다로 갔어요.
과연 바다 저편에서 무언가 나타났어요.
붉은 돛을 단 배가 서서히 다가오고 있었어요.
수로왕은 바다 근처 언덕에서 왕비를 기다리고 있었어요.
커다란 천막을 드리우고 비단과 보석으로 근사하게 꾸몄지요.

마침내 허황옥 공주가 가락국에 이르렀어요.
수로왕이 공주를 정중히 맞이했지요.
두 사람은 부부가 되었어요.
오래도록 금관가야를 다스렸습니다.

금관가야와 함께 올망졸망 여러 나라들이 있었어요.
미리미동국, 접도국, 고자미동국, 고순시국, 반로국,
미오야마국, 감로국, 주조마국, 안야국, 독로국…….
금관가야와 이웃한 크고 작은 나라들을 통틀어
'가야'라고 했어요.
그중 금관가야가 우두머리인 셈이었어요.

가야 사람들은 낙동강을 따라 바다로 나아갔어요.
바다 건너 나라와 오고 갔지요.
다른 나라 사람들도 가야를 찾아왔어요.
중국 사람들이 왜국으로 가는 길에 들르기도 하고,
왜국 사람들이 가야에 들렀다가
다른 나라로 가기도 했지요.

가야의 항구는 여러 나라 말로 떠들썩했어요.

"안녕하세요!"
"니하오!"
"곤니찌와!"

가야는 철의 나라였습니다.

일본 사람들도, 중국 사람들도 가야의 철을 좋아했어요.

가야의 철은 보물처럼 아주 값진 물건이었지요.

가야의 땅속에는 철이 많았어요.

가야 사람들은 철을 캐내어서 녹이고 두드려

네모난 모양의 납작한 덩이쇠로 만들었어요.

덩이쇠는 사람들이 물건을 사고팔 때 돈처럼 쓰이기도 했어요.

지금도 일본에서는 가야의 철이 발견된다고 해요.

일본은 가야에서 철을 많이 사 갔거든요. 철을 다루는 기술도 배워 갔지요.

가야 사람들은 철을 다루는 기술이 뛰어났어요.

낫이나 괭이 같은 농기구도 만들고, 여러 가지 장식물도 만들었어요.

창과 칼도 만들었습니다.

병사들이 입을 갑옷도 철로 만들고요, 말한테도 철로 만든 갑옷을 입혔다고 해요.

작고 얇은 쇳조각을 만든 다음, 그걸 생선 비늘처럼 엮어서 갑옷을 만들었대요.

옷감처럼 얇게 편 철로 사람의 모습을 본뜬 갑옷을 만들기도 했어요.

말도, 병사도 철로 만든 갑옷을 입고 철로 만든 칼을 들고 철그렁철그렁!

가야 병사의 모습은 정말 무시무시했을 것 같아요.

전쟁이 일어났어요.

낙동강을 탐내던 신라가 가야로 쳐들어왔어요.

고구려의 광개토대왕도 5만 명의 병사를 이끌고 신라를 도왔어요.

열두 가야가 힘을 모았지만 부족했어요.

백제도 가야를 도왔지만 소용없었어요.

가야는 제대로 싸워 보지도 못하고, 신라에 무릎을 꿇었습니다.

금관가야의 구형왕이 신라에 나라를 바쳤습니다.

신라는 구형왕과 그 식구들을 따뜻하게 맞아 주었어요.

금관가야 왕족들은 신라의 귀족이 되었습니다.

금관가야는 사라졌어요.
대가야가 가야의 새로운 우두머리가 되었습니다.
산으로 둘러싸인 대가야는 농사짓기에 좋은 땅을 가졌어요.
섬진강을 따라 바다로 나아갈 수도 있었어요.
물론 땅속에는 철이 많았지요.

대가야를 중심으로 가야는 다시 힘을 모았어요.
가야의 음악가 우륵은 가야를 위한 노래를 지었어요.
가야금으로 가야를 노래했지요.

그런데 또 전쟁이 일어났어요.

백제와 신라가 한편이 되어 고구려를 한강에서 몰아냈어요.

이번에는 백제와 신라가 한강을 차지하기 위해 전쟁을 시작했어요.

가야는 힘센 나라들 틈에서 이쪽저쪽 눈치를 살폈어요.

대가야는 백제를 도왔어요.

일본도 군사를 보내 백제를 도왔지요.

하지만 신라군이 크게 이겼어요.

백제의 성왕은 전투에서 목숨을 잃었어요.

대가야도 큰 충격을 받았어요.

그런데 신라 장군 이사부가 병사들을 이끌고 가야로 쳐들어왔어요.

화랑 사다함과 낭도들이 앞장서 싸웠어요.

가야의 크고 작은 나라가 차례로 무릎을 꿇었어요.

가야는 모두 멸망하고 말았습니다.

가야 사람들은 백제로, 고구려로, 일본으로 떠났어요.
신라에 남은 사람도 많았어요.
가야금을 연주한 우륵도 신라 사람이 되었습니다.
가야의 왕족들도 신라의 귀족으로 살게 되었어요.

금관가야의 마지막 왕인 구형왕의 아들 김무력은 신라의 장군이 되었어요.
신라와 백제의 전쟁에서 큰 공을 세우기도 했지요.
김무력 장군의 아들 김서현도 신라의 관리로 일했어요.

김서현은 서라벌에서 만명이라는 여인과 사랑에 빠졌습니다.
그런데 만명은 성골 신분이었어요. 신라 왕족의 딸이었지요.
서현도 수로왕의 후손이었지만, 가야는 망한 나라였어요.
신라에서 서현은 왕족이 아니라 귀족이었어요.
성골보다 낮은 진골 신분이었답니다.

"안 된다! 어찌 성골과 진골이 혼인한단 말이냐! 그런 법은 없다!"

만명의 부모가 두 사람의 결혼을 반대했어요.
신분이 다르면 결혼할 수 없었거든요.

"서현 공자! 우리 함께 서라벌을 떠나요!"

만명은 마음을 굽히지 않았어요.
서현도 포기하지 않았지요.
두 사람은 서라벌에서 몰래 도망쳐서 결혼했습니다.

곧 아기가 태어났어요.
울음소리부터 우렁찬 사내아이였어요.

"장차 큰 장군이 되려나 봅니다."
"그러게 말입니다. 울음소리가 신라를 넘고 백제를 지나 고구려까지 이르겠어요."

만명과 서현은 아이의 이름을 '유신'이라고 지었습니다.
김유신.
가야와 신라가 함께 낳은 아이였어요.
훗날 신라의 큰 장군이 될 아이였습니다.

가야라는 나라는 사라졌어요.
사람들은 차츰 가야를 잊었어요.
하지만 가야금 소리는 그치지 않았어요.
사람들은 새로운 음악을 짓고 새로운 음악을 연주했어요.
가야라는 이름을 간직한 가야금은
지금도 아름다운 음악을 울리고 있습니다.

나의 첫 역사 여행

가야를 찾아서

구지봉

먼 옛날, 가야 땅의 사람들이 왕을 바라며 하늘에 기도를 올렸어요.
그러자 구지봉에서 신비한 목소리가 들리고, 하늘에서 여섯 개의 알이 내려왔어요.
그 알에서 가야의 첫 번째 왕들이 태어났지요.
구지봉은 경상남도 김해시에 있는 작은 산봉우리예요.
거북 머리의 모양을 닮아서 '구지봉'이라는 이름이 붙었다고 해요.
산꼭대기에는 가야 시절에 만든 고인돌이 남아 있어요.

[김해 문화 관광 ▼] tour.gimhae.go.kr/
[국립 김해 박물관 ▼] gimhae.museum.go.kr/

김해 구지봉 입석

구지봉의 고인돌

수로왕릉

파사 석탑

여섯 개의 알 중 가장 큰 알에서 나온 수로왕은 금관가야를 세웠어요.
수로왕은 나라를 잘 다스리다 158세에 세상을 떠났다고 해요.
수로왕릉은 5미터 높이의 둥근 무덤이에요.
조금 떨어진 곳에 같은 모양의 수로왕비릉도 있어요.
수로왕비릉에는 특별한 탑이 있어요.
수로왕과 결혼하기 위해 공주가 아유타국을 떠날 때,
아버지가 배에 실어 준 탑이라고 해요.
바다를 무사히 건너기를 바라는
아버지의 사랑이 담긴 탑이지요.
그 파사 석탑이 아직도 수로왕비를 지키고 있는 거예요.

대성동 고분군

대성동 고분 박물관 ▼ ds.gimhae.go.kr/

수로왕릉

대성동 고분 박물관

가야 사람들은 많은 무덤을 남겼어요.
대부분의 무덤들은 그 주인을 알 수 없어요.
그렇게 큰 무덤을 남긴 것으로 보아 왕이나 왕비처럼 신분이 높은 사람들의 무덤일 거예요. 그런 무덤이 모여 있는 곳을 '고분군'이라고 해요.
금관가야의 대성동 고분군에는 약 40기의 무덤이 있고요,
거기서 나온 유물을 전시한 고분 박물관도 있어요.
아라가야와 대가야, 소가야를 비롯한 여러 나라의 고분들도 남아 있어요.

나의 첫 역사 클릭!

투구의 주인들

대성동 고분군의 무덤에는 대개 신분이 높은 사람들이 묻혀 있어요.
왕이나 왕비 또는 귀족이나 장군들이지요.
그중 57호분의 주인이 남달랐어요.
무덤을 발굴하는 학자들이 뼈를 살펴보고 많은 사실을 알아냈어요.
값진 유물과 함께 묻혀 있는 세 사람은 모두 젊은 여성들이었어요.

57호분 발굴 사진

57호분에서 나온 투구

57호분에 묻힌 여성들은 스무 살에서 서른 살 남짓했어요.
모두 한두 번쯤 아이를 낳은 적이 있다고 해요.
튼튼한 다리로 보아 운동선수 같은 생활을 했을 거라고도 해요.
그런데 세 사람의 머리맡에 투구가 놓여 있었대요.
장군들이 쓰는 철제 투구였어요. 철제 무기들도 같이 묻혀 있었고요.

대체 어떤 사람들이었을까요?
투구를 쓰고 철제 무기를 사용하며 튼튼한 다리로
운동선수처럼 생활하는 사람이라면?
그렇지요!
57호분의 주인들은 멋진 투구를 쓰고 철로 만든
칼을 휘두르며 전장을 누비던 전사였어요.
가야의 여전사들이었어요.

가야의 여전사 재현 모습

김해 대성동 고분군

대성동 고분군에서 출토된 유물들

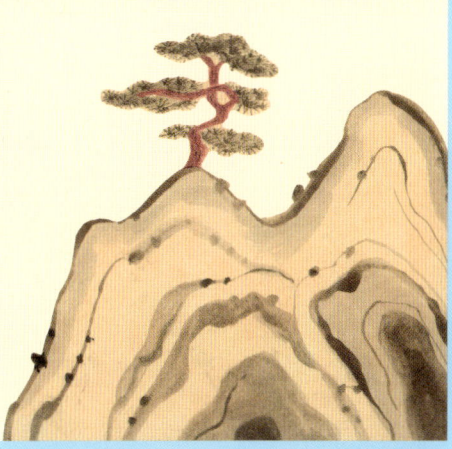

글 이현

세상 모든 것의 이야기가 궁금한 동화작가입니다. 우리나라 곳곳에 깃든 이야기를 찾아 어린이들의 첫 번째 역사책을 쓰고 있습니다. 그동안 《짜장면 불어요》, 《로봇의 별》, 《악당의 무게》, 《푸른 사자 와니니》, 《플레이 볼》, 《일곱 개의 화살》, 《조막만 한 조막이》, 《내가 하고 싶은 일, 작가》 등을 썼습니다. 제13회 전태일 문학상, 제10회 창비좋은어린이책 공모 대상, 제2회 창원아동문학상 등을 받았습니다.

그림 안재선

옛이야기들과 오래된 것들은 지금과도 이어져 있다고 생각합니다. 그것들을 잘 전달하는 그림을 그리려고 노력하고 있으며, 2014년과 2017년에 볼로냐 국제아동도서전에서 '올해의 일러스트레이터'로 선정되었습니다. 그린 책으로 《산신령 학교》, 《새 나라의 어린이》, 《나의 아시아 친구들》 등이 있습니다.

나의 첫 역사책 6 — 철의 나라 가야

1판 1쇄 발행일 2019년 2월 25일 | 1판 12쇄 발행일 2024년 7월 22일
글 이현 | **그림** 안재선 | **발행인** 김학원 | **기획** 이주은 박현혜 도아라 | **표지·본문 디자인** 유주현 한예슬
저자·독자 서비스 humanist@humanistbooks.com | **스캔** (주)로얄프로세스 | **용지** 화인페이퍼 | **인쇄** 삼조인쇄 | **제본** 다인바인텍
발행처 휴먼어린이 | **출판등록** 제313-2006-000161호(2006년 7월 31일) | **주소** (03991) 서울시 마포구 동교로23길 76(연남동)
전화 02-335-4422 | **팩스** 02-334-3427 | **홈페이지** www.humanistbooks.com

글 ⓒ 이현, 2019 그림 ⓒ 안재선, 2019

ISBN 978-89-6591-362-7 74910
ISBN 978-89-6591-332-0 74910(세트)

- 이 책은 저작권법에 따라 보호받는 저작물이므로 무단 전재와 무단 복제를 금합니다.
- 이 책의 전부 또는 일부를 이용하려면 반드시 저작권자와 휴먼어린이 출판사의 동의를 받아야 합니다.
- 사용연령 6세 이상 종이에 베이거나 긁히지 않도록 조심하세요. 책 모서리가 날카로우니 던지거나 떨어뜨리지 마세요.